AF359208

UN MOT

AU PEUPLE.

Périgueux — Impr. FAURE et RASTOUIL.

UN MOT

AU PEUPLE,

PAR UN CITOYEN.

Liberté, égalité, fraternité.
L'union fait la force.

PÉRIGUEUX,

LIBRAIRIE BAYLÉ, RUE TAILLEFER.

—

1848.

Tandis que vous serez désunis
et que chacun ne songera qu'à
soi, vous n'aurez rien à espérer
que souffrance et malheur et op-
pression.

Donc, si l'on vous demande :
Combien êtes-vous ? Répondez :
Nous sommes un, car nos frères,
c'est nous, et nous, c'est nos
frères.

(LAMENNAIS.)

1.

Quand l'intrigue et l'esprit de parti s'ébattent au sein d'une République naissante, quand des exagérations dangereuses et systématiques agitent l'esprit du peuple et cherchent à l'égarer, quand des insinuations perfides s'attaquent à la force du pays et proposent la division pour arriver à la réalisation d'un but odieux et liberticide, il est du devoir de tout bon citoyen de prendre en main la cause de sa patrie et de lui prêter le concours de son intelligence, quelque faible qu'elle soit.

L'auteur de ce petit ouvrage désire rester inconnu. Qu'importerait son

son nom? Les individus s'effacent de-
vant la grande famille humaine. Qu'on
sache que ce qu'il écrit, il le puise dans
son cœur essentiellement ardent, phi-
lanthrope et républicain. Il s'applaudira
d'avoir fait quelque bien si on lit son
livre, et si on se met en garde contre
des vengeances mal éteintes, contre
des erreurs et des préjugés barbares,
fruits d'une éducation vicieuse. Mais
s'il est sans succès, si des idées étroi-
tes et ruineuses germent et croissent
dans le cœur des fils de la France, il
versera des larmes avec des prières sur
les malheurs de sa patrie.

UN CITOYEN.

UN MOT

AU PEUPLE.

FRÈRES,

L'ère de la libération vient de luire pour tous les peuples. A travers les brumes d'un horizon, hier encore incertain, un grand jour s'est fait, et la foule humaine s'est élancée vers cette lumière insolite, éclatante, lumière féconde et pure, symbole de la confraternité. La France a donné le signal de l'affranchissement universel, et de toutes parts les rois tombent sous le courroux populaire, hochets malheureux des fils de l'Homme. *Le Despotisme a vécu.* Entraîné par la marche envahissante de l'époque, il ne sait où porter ses pas; l'opinion publique le repousse de tous les coins du monde, la liberté lui ferme le passage et lui demande un compte sévère des exactions dont il a accablé les peuples, des crimes qu'il a commis, du sang qu'il a versé; et sa vengeance est terrible, car le Despotisme règne depuis des siècles, et il a assumé sur sa tête les haines des nations.

Un bruit grave et solennel s'est fait entendre, et ce bruit a réveillé les peuples esclaves et soumis du long et léthargique sommeil qui pesait sur leurs yeux. Paris, cette ville sublime où bouillonnent les grandes idées, Paris a proscrit la Royauté, elle a proclamé la République; et de leur grande voix les canons ont annoncé au monde la victoire de la Liberté, et les peuples ont répondu par le bruit du canon, et les rois ont senti sur leurs fronts as-

sombris passer et repasser le souffle
des révolutions. Partout la Liberté a
fait glisser ses rayons fécondans. Les
rois se sont empressés de déchirer leur
autorité pour en distribuer les lam-
beaux à leurs sujets : vains efforts d'un
despotisme qui tombe et qui veut re-
tarder sa chute. Mais sachez-le bien,
tyrans, vous avez creusé un abîme entre les peuples et vous; les peuples ont
franchi cet abîme. Vous avez voulu la
lutte; vous avez vu le ciel se noircir,
vous avez entendu le lointain gronde-
ment des orages, et vous vous êtes crus
à l'abri sous la terreur qu'imprimaient
vos sabres nus, vos baïonnettes étin-
celantes! A quoi ont donc servi les leçons terribles que Dieu donne aux rois
à la face des nations? Vous avez vu des
têtes couronnées sur des échafauds, et
vous n'avez pas senti vos têtes trem-
bler sur vos épaules! Égarés par une

funeste sécurité, vous avez marché dans votre voie d'absolutisme, et les larmes des peuples n'ont pas fécondé en vous le peu d'amour que chaque homme porte en naissant! Allez, le jour de l'Homme est venu, jour de colère et de vengeance. C'est en vain que vous voudrez faire des concessions, donner des chartes, des constitutions aux peuples; les peuples vous ôteront ce droit, car ce droit, c'est le leur et non le vôtre; car ils sauront se rendre libres eux-mêmes sans avoir recours à leurs oppresseurs, et vous saurez que le monde ne veut pas une liberté nominale, illusoire, mais bien une liberté pleine, large, entière, ou la mort.

Réveillez-vous donc, peuples, de votre sommeil moral. Secouez cette froide tombe du despotisme qui a pesé si long-temps sur vos corps engourdis. Suivez l'exemple de vos frères de France, et que nous puissions saluer ensemble l'ère de la libération. O ma patrie, c'est dans ton sein que germent les sublimes et nobles idées ! C'est à la glorieuse initiative que le monde devra ses jours de paix et de bonheur ! Vois cet avenir que tu prépares à la grande société humaine par ton amour pour la liberté, par ton abnégation et ta vertu, par ton dévouement sans bornes à la cause de tous. Vois tous les peuples communiant au banquet trois fois saint de la liberté, de l'égalité, de la fraternité. Regarde cette main mystérieuse qui, sur toutes les institutions humaines, écrit ces trois mots évangéliques émanés d'une source divine, et qui sont infinis dans leur essence comme Dieu. Marche toujours dans cette noble voie ; que tes enfans, maçons de la société libre, appelés à élever l'édifice de leur affranchissement, que tes enfans travaillent avec ardeur, avec courage. Ils ont senti que leurs ailes étaient assez fortes pour voler vers la liberté ; ils ont senti que leurs yeux étaient assez exercés pour supporter les rayons de cet astre brillant. Qu'ils ne s'arrètent pas dans leur marche ! les peuples répondront à leur appel ; ils obéiront à leur noble impulsion, à leur grandiose élan, et espérons que, plus tard, notre patrie sera le monde, notre famille le monde, nos droits ceux du monde.

———

Lorsque le vieux régime constitutionnel, image dérisoire d'un gouvernement libre, né de la volonté de la classe bourgeoise, s'évanouit sous le souffle régénérateur du PEUPLE dont on méconnaissait les droits, lorsque Paris

outragé eut élevé les barricades et en-
voyé une famille de traîtres dans l'exil,
la jeune République s'éleva sur les ruines de la monarchie éteinte, pure
comme la poésie qui l'a créée, forte
comme la science qui préside à son
organisation, exaltée comme le patriotisme qui l'anime, calme et modérée,
car elle a la conscience de sa force.

Alors ce ne fut qu'un cri dans la
France; tous les cœurs furent électri-
sés par la grandeur de l'œuvre pari-
sienne, et le cri de : *Vive la République!* partit en élan sublime de toutes
les âmes françaises. Le prolétaire se
sentait élevé jusqu'au riche, car il de-
venait comme lui citoyen, électeur,
éligible, et l'organisation du travail
lui promettait vie, aisance et prospérité. Le riche, dans le nouveau gouvernement, vit la garantie de sa fortune; partout la confiance, un moment

disparue, se releva dans la vie nou-
velle qui venait de s'ouvrir. Tous, dans
la naissance de la République, virent
le triomphe des droits de tous.

Cependant, *quelques hommes* égarés dans le sentiment général se sont
laissé aller aux craintes puériles, aux
vagues exagérations. De toutes parts
on a répandu des bruits injurieux au
peuple de Paris, à cette sublime popu-
lation dont le courage et le patriotisme
nous ont arrachés tant de fois aux em-
piètemens envahisseurs du despotisme.
Un vertige étrange s'est emparé de
quelques âmes faibles et criminelles;
les mots de fédération même ont été
prononcés. Hé quoi! insensés! vous
avez pu énoncer une idée qui aurait dû
rester à jamais ensevelie sous le re-
gard de votre conscience!!! Vous avez
osé dire que le peuple de Paris ne
trouve la vie que dans le désordre et

le renversement, et qu'il faut mettre un terme au pouvoir de cent mille individus sur trente-trois millions de leurs frères! Malheureux! que reprochez-vous au peuple de Paris! Ingrats! il vous a délivrés des fers, il a déchiré les langes séculaires dans lesquels on brisait vos intelligences. Et vous vous élevez contre vos bienfaiteurs! Mais attendez au moins que le souvenir de ses victoires soit éteint dans nos âmes avant de l'accuser. Et sans ce peuple, que seriez-vous? N'est-ce pas lui qui vous a conduits par degrés à cette liberté dont vous jouissez maintenant? Qui a fait la première révolution? *Paris.* Qui a élevé Napoléon au trône pour cacher le sang sous les trophées de la victoire? *Paris.* Qui l'a rejeté lorsque sa volonté de fer a voulu dompter tous les corps de l'état et soumettre le génie de la liberté au génie de la

guerre? *Paris.* Qui a renversé les Bourbons prévaricateurs lorsque, se fiant à
leur légitimité, ils ont voulu pratiquer
l'odieux principe de Philippe de Macé-
doine? *Paris.* Enfin, qui a renversé ce
pouvoir bourgeois et spéculateur qui
tuait chaque jour la liberté sa mère?
Paris. A la tête des grands et beaux
mouvemens, nous retrouvons Paris.
A la tête des nobles, grandes, larges
inspirations, se place Paris, l'antique
cité des Gaules, trempée à la civilisa-
tion romaine comme aussi à l'énergie
indomptable des Germains. Et vous
vous élevez contre cette ville si riche
de passé, de présent, d'avenir! Et vous
osez proposer le morcellement comme
la seule mesure qui puisse nous sau-
ver! Allez, pauvres frères, vous êtes
des gens légers ou de mauvais citoyens;
car une pensée de République fédérative, dans les circonstances difficiles

que nous traversons, serait un crime si elle était réfléchie ; car, ne vous y trompez pas, citoyens, la fédération ce serait le crime, la fédération ce serait l'anarchie, la fédération ce serait *la Terreur*.

Voyons l'histoire dont les grandes leçons instruisent les peuples. Elle nous présente la confédération des Hellènes. Là ce sont des guerres terribles : Athènes, Sparte, Thèbes, s'arrogent tour à tour la puissance ; des flots de sang coulent dans ces combats de peuple à peuple, de ville à ville, et la Grèce décimée ruine ses forces, qui lui sont si nécessaires contre l'invasion étrangère. Au moyen-âge, c'est la féodalité que nul lien ne resserre. Dans ce chaos de châteaux-forts, de manoirs, de gigantesques tours, les seigneurs hautains et orgueilleux combattent à outrance et font peser sur leurs serfs un joug odieux. Dans les temps modernes, c'est la sombre Allemagne, ce dernier reflet du servage Carolingien, hérissée de nombreux châteaux, où l'homme s'isole de ses semblables et substitue la vie de famille à la vie de société. Ici encore, luttes sanglantes, haines terribles d'individu à individu. Les hommes usent leur énergie à des vengeances, tandis qu'ils devraient l'employer au bien général ; puis enfin c'est l'Helvétie, la noble patrie des Guilhem-Tell et des Vinkelried ; ses enfans comprennent, après de nombreuses et dures épreuves, qu'une révolution est nécessaire pour arriver à l'unité, ce nœud gordien, gage de la puissance. Et la France chercherait à briser ce nœud mystérieux qui fait sa force !

Ce qui constitue la puissance d'une nation, citoyens, c'est l'unité. Ce qui

fit Rome si forte, ce fut la concentration des pouvoirs dans une seule ville.
La division et le morcellement des
états, c'est leur ruine. Et malheur à
ceux-là qui osent émettre des vœux ré-
trogrades et si peu en harmonie avec la
tendance des idées! Et c'est maintenant,
alors qu'on marche à grands pas vers
l'union de la grande famille humaine,
alors qu'on veut unir les hommes entre
eux par la chaîne de l'amour et de la
charité, c'est maintenant qu'on essaie
de briser les liens qui déjà nous unis-
sent! Et dans quelles circonstances,
frères! C'est au milieu de la fièvre gé-
nérale de la société en travail, de la
crise terrible qui fait palpiter les nations; c'est au milieu des douloureux
enfantemens de la révolution, lorsque
d'un moment à l'autre l'Europe peut
être ensanglantée; c'est dans ces mo-
mens terribles, où les peuples sont pla-

cés entre la vie et la mort ; c'est alors qu'on vous propose la division et le morcellement! Gardez vos forces, ô mes compatriotes! gardez-les toutes, car toutes elles vous sont nécessaires : votre force, c'est l'union ; votre force, c'est la concentration des pouvoirs.

Lorsque le peuple de Rome, retiré sur le Mont-Sacré, refusait de rentrer dans les murs et se plaignait du gouvernement monopoliseur du sénat, le député des patriciens leur conta cet apologue : « Les membres, fatigués un « jour d'obéir à l'estomac, se séparè- « rent de lui. Qu'arriva-t-il? C'est que « le sang ne circulant plus vers eux, ils « s'affaiblirent et périrent. » Le peuple comprit le sens caché sous ces paroles ; il rentra dans Rome et se laissa diri- ger. Et nous, qui ne sommes pas sous un gouvernement despotique, serons- nous moins sages que les Romains! Ne

voyez-vous pas que Paris, c'est l'estomac, le cœur de la France! Nous lui de-
vons le concours de notre travail et de
notre volonté; car, séparez le cœur du
corps, que vous reste-t-il? Un *cadavre*.

Oui, un cadavre, frères, un cadavre pâle, sanglant, défiguré. La République fédérative serait un couteau
tranchant qui briserait toutes nos institutions. Oh! je vous en conjure, au
nom de votre salut, réfléchissez avant
d'agir. Ne vous laissez pas égarer par
l'égoïsme intéressé de quelques faux
frères qui aiment le désordre et l'anarchie. Ils vous diront tout ce que leur
dictera leur orgueil et leur haine contre un pouvoir qu'ils n'ont pas fait, le
pouvoir du peuple. Ne les croyez pas;
le peuple qu'ils calomnient, c'est un
grand peuple, c'est un peuple de Dio-
gènes : comme le philosophe grec, ils
ont des *guenilles* et de la vertu.

Quel beau spectacle, citoyens, que celui d'un peuple vainqueur et triomphant, couvrant de sa sauvegarde les propriétés et les fortunes! Un peuple courroucé, en douze heures, brise un trône, et après la victoire, il est maître de lui. Cherchez dans les histoires des anciens : elles mentionneront la générosité d'un Alexandre, la sagesse d'un Socrate, la fidélité au serment d'un Régulus; mais elles ne mentionneront pas les vertus d'une nation entière. C'est qu'ils n'étaient mûs par aucun mobile sublime, ces peuples de l'antiquité, qui écoulaient leur temps dans les fêtes, se couvraient de feuillage et passaient leurs nuits dans les orgies, pendant qu'à côté d'eux pleuraient les fils de l'infortune! C'est que l'ardente charité du Christ n'avait pas jeté dans leurs cœurs la semence de l'amour fraternel! Aujourd'hui, les peuples prennent place au banquet de la liberté. Ils luttent, ils combattent, ils bravent la mort pour leurs frères; car ce n'est pas pour eux, que va emporter peut-être une balle meurtrière; ils triomphent, et maîtres d'un empire, ils sont aussi les maîtres d'eux mêmes. Et c'est ce peuple que l'on ose calomnier!!!

Ne vous laissez pas entraîner par les odieuses menées de quelques hommes intéressés à publier le morcellement et le désordre qui en est la source certaine. La France est une arène où ont combattu soixante ans de nombreux partis. Laissez faire les choses, laissez les événemens suivre leur cours; les divers foyers de l'opinion, dans peu, se réuniront en un seul, et ces mille lumières, autrefois perdues pour la France, parce qu'elles étaient disper- sées, lorsqu'elles seront réunies, jette- ront sur l'Europe entière leurs brillans rayonnemens. La République est appelée à les unir. C'est son but à elle, c'est le grand œuvre auquel elle travaille. Et pourquoi, citoyens, pourquoi voudriez-vous séparer ce qu'elle veut unir, briser ce qu'elle veut consolider? Laissez donc aux partis le temps de se reconnaître; laissez-les étudier les nuances de leurs couleurs. Laissez aux foyers le temps de se réunir pour converger au même point, et nous serons arrivés à la grande unité politique, comme nous sommes arrivés depuis long-temps à la grande unité statistique. Alors, si quelques étincelles s'échappent du grand foyer, elles seront étouffées par l'ardent et sublime patriotisme de la France une et indivise : elles se perdront avant d'avoir allumé la haine, la vengeance et le morcellement.

Concitoyens intelligens et dévoués,

la République vous conjure d'éclairer
l'esprit de vos frères égarés ou perver-
tis. Au nom du *Christ,* ce symbole di-
vin de charité, de confraternité, notre
maître à tous, ramenez le peuple au
profond sentiment de ses droits, à l'ac-
complissement des devoirs que lui im-
pose la patrie. Faites voir à ceux qui
s'effraient que la *Terreur* n'est pas de
notre époque; que la pensée lui a suc-
cédé, la pensée sage et réfléchie qui dis-
cute et ne brise pas. Que personne ne
s'effraie donc du mot de République.
Les souvenirs de sang qui pèsent sur
nous depuis cinquante années sont déjà
bien loin. Ne lisez pas dans le passé :
il était ce qu'il devait être ; mais, pro-
phètes du siècle de lumières, civilisa-
teurs sincères, jetons nos regards dans
l'avenir; là nous trouverons gloire et
bonheur.

Honte à vous, hommes sans foi et

sans principes! honte à vous, cœurs faibles et sans énergie qui tremblez au souffle des révolutions comme la feuille au vent, et qui tournez de même, hommes du lendemain qui ne savez ce que vous êtes, qui ne savez pas même ce que vous étiez hier! Gardez pour vous vos craintes puériles, vos discussions ignorantes, vos paroles timorées, vos discours captieux et subversifs de l'ordre social. La République a besoin de patriotisme pour être forte, non de ce patriotisme exalté, irréfléchi qui s'élance à tout vent, s'entoure de ruines et ne rebâtit rien, mais de ce patriotisme calme, digne, modéré, qui marche à son but avec persévérance, accepte sans hésiter les sacrifices et sait consacrer son existence, son sang, sa fortune à son pays. Que tous les bons citoyens alimentent donc la République de leur ardeur en même temps que de leur sagesse.

Les institutions périssent sous la froide tiédeur et sous la timide indifférence. C'est ainsi qu'ont péri Athènes, Sparte et Rome ; c'est ainsi qu'est tombé le vieux régime constitutionnel. La France l'a vu fuir avec indifférence, sans y songer, comme on voit fuir tous les jours le nuage qui obstruait les rayons du soleil. Et maintenant que le soleil de la liberté a lui pour tous les hommes, qu'à son foyer se sont attachés les grands principes de charité, de liberté, montrons que nous savons sacrifier nos haines personnelles à l'amour sacré de la patrie : faisons voir que la France entière a communié pour un principe et saura verser, pour le défendre, le plus pur de son sang. Que le patriotisme le plus saint protège la République.

Oh ! que Rome était égoïste et froide : elle n'a eu qu'un Décius !!!

3.

Citoyens, vous trouverez sur votre route bien des obstacles, bien des haines suscitées par les factions dont les colères ne sont pas encore éteintes. Sachez les renverser au nom de la patrie. Montrez que les patriotes expirés ne sont pas descendus tout entiers dans la tombe, et que de leurs cendres encore chaudes de philanthropie sont nés des millions de vrais amis du peuple. Suivez les vertus de vos pères, sans imiter leurs funestes égaremens. La République de quatre-vingt-treize, comme l'immortelle, a été tachée de rouge ; que celle-ci soit pure de tout désordre ; vous le devez à votre gloire. Si les coteries vous arrêtent et vous barrent le passage, écartez-les comme on écarte une pierre placée là par le hasard. Si elles sont trop fortes, si les partis, ces monstres à mille têtes, se relèvent et cherchent à renverser l'ordre établi, unissez-vous et marchez. *L'union fait la force.*

Vous allez bientôt être appelés, frères, à vous choisir des représentans. Que leur âme soit le reflet de vos âmes; qu'ils soient fermes et convaincus de la grandeur de leur mission. Soyez calmes et dignes dans cet acte de haute politique; montrez que cette réforme électorale qui a fait de vous des SOUVE-RAINS, vous la méritez par votre prudence et votre incorruptibilité. C'est du discernement que vous mettrez dans les élections prochaines que dépendent le bonheur et la prospérité de la France. N'oubliez pas que la patrie vous a confié la sainte mission de gouverner, et que ceux auxquels vous confierez un mandat soient assez fermes pour le défendre, assez consciencieux pour prendre en main les intérêts du peuple, assez énergiques pour dominer les partis.

Défiez-vous donc de ces langues dorées et de bon ton qui vous flattent et cherchent à capter vos suffrages. Ceux-ci sont souvent des ambitieux qui couvrent d'odieux projets sous le masque de la philanthropie. Ne vous trompez pas à ces faux-semblans de vertu : ce sont des tartufes de patriotisme. Vous avez, sans doute, auprès de vous des hommes que vous avez pu juger dans leur vie de famille et de citoyens : hé bien, à ces hommes dont la franchise, la loyauté vous sont connues, confiez la mission de défendre les droits du pays, d'organiser la République. Il importe peu qu'ils aient le talent de la parole, il importe avant tout qu'ils aient du cœur et qu'ils ne se laissent pas effrayer par les orages populaires. Les mandataires chargés de nous donner une constitution doivent être de vrais républicains, des hommes qui ne représentent pas un parti, mais un principe : il faut qu'ils soient démocrates et qu'ils respectent les droits qu'a conquis le peuple aux journées de février. En 1830, c'était ce peuple qui avait vaincu, et quel bien lui arriva-t-il de sa victoire? Aucun. La bourgeoisie, égoïste, froide, spéculatrice, monta sur le trône avec la branche cadette des Bourbons et régna dix-sept ans avec elle. Aujourd'hui, le peuple a fait une révolution; qu'il sache la faire tourner à l'avantage de tous; et pour que la révolution marche à son but, citoyens électeurs, il vous faut choisir de vrais républicains, des *révolutionnaires*. Ne vous laissez pas effrayer par ce mot : il a un sens sublime; car par révolutionnaire on entend progressiste. Le vrai républicain ne regarde jamais les hommes comme satisfaits, et cherche toujours un plus grand bonheur : il améliore le sort des classes pauvres, il organise le travail, il instruit le peuple, il lui fait voir sa force et ses droits, il *révolutionne*. — Républicains et révolutionnaires, tels doivent donc être les mandataires de la France. Que le peuple sache résister aux séductions, qu'il élise par le cœur, et la France sera heureuse et forte.

A vous, publicistes moralisateurs, organes de la presse française, à vous le devoir de guider le peuple au bonheur; à vous la mission d'éclairer les masses, de rallier la France entière au gouvernement provisoire. — Attendez à faire de l'opposition que les temps d'épreuve soient passés et que l'assemblée constituante soit à l'œuvre. Avant cette époque, l'opposition est dangereuse; elle peut exciter les passions et pousser les peuples aux guerres civiles. Régénérez les campagnes :

démasquez les perturbateurs du repos
public, démagogues obscurs soulevés
par les orages populaires, et qui res-
semblent à ces flots de poussière arrachés au sol par la fureur des vents. A
toi, presse française, à toi sont con-
fiés nos principes ; conserve-les sans les
altérer. Passe-les quelquefois au creu-
set de la discussion, afin que du choc
des opinions jaillisse la lumière vivi-
fiante. A toi la mission de dénoncer
les abus, de réprimer les haines, les
vengeances des factions qui veillent encore, par la puissance de la parole,
par les chaînes d'or du discours. La
République est entourée d'ennemis :
sache les tenir éloignés. Montre à tous
que notre révolution a été belle, sublime ; que si l'enfantement est douloureux, les fruits en seront doux. Fais
voir à tous combien la République est
sage, modérée, religieuse ; combien

elle sera puissante, si elle est une et indivise ! Sois, enfin, la sentinelle vigilante placée entre le gouvernement du *peuple* et l'égoïsme spéculateur.

Tels sont tes devoirs, presse française : sache être fidèle à ta mission d'en haut, et rien n'arrêtera la France dans sa marche de progrès.

Concitoyens, celui qui vous parle ne cherche ni à se faire un nom ni à capter vos suffrages. Il est si jeune, qu'il y aurait de la témérité de sa part à chercher l'un et l'autre. Il s'acquitte d'un devoir, celui d'éclairer ses frères et de les mettre en garde contre de fausses mesures qui nous conduiraient tout droit à notre ruine. Il s'estimera heureux, si, dans la mesure de ses forces, il a été de quelque utilité à sa patrie.

FIN.

www.ingramcontent.com/pod-product-compliance
Lightning Source LLC
LaVergne TN
LVHW012141170726
843503LV00009B/3906